납작한 풍경

국립중앙도서관 출판시도서목록(CIP)

납작한 풍경 : 김주애 시집 / 지은이: 김주애 . --
서울 : 詩와에세이, 2014
112P. : 127×206㎝

ISBN 978-89-92470-97-1 03810 : ₩8000

한국 현대시[韓國現代詩]

811.7-KDC5
895.715-DDC21 CIP2014026487

납작한 풍경

김주애 시집

詩와에세이
2014

차례__

제1부

제2부

제3부

제4부

제1부

세상에서 가장 큰 삼각형

긴 골목을 두고
삼각형처럼 꼭짓점을 마주보고 사는 할매 셋
일찍이 남편을 보내고 서로 축을 이루고 산다
해도 지지 않은 골목에 가로등 미리 불을 밝히고
단출한 저녁 식사
집에 불을 켜지도 않고
절뚝절뚝 민철이네 집을 나선다
하룻밤 딸네 갔다 온다더니 왜 이틀이나 자고 와여
나무라듯 뱉는 소리에 금순네
막걸리 한 병을 들고 나간다
기울이는 술 냄새에 순호네 뒷짐을 지고 온다
긴 하루 맛 좋은 안주가 되고
발그레 기울어가는 그림자
슬며시 합을 맞춘다

이따 배추밭에 약 좀 치세

폭염

—영군이 아재

이마에 흐르는 땀 훔쳐내는 그의 오른손
한 번도 주눅 들지 않는 그 손
엄지만 남아 항상 최고인 손
네 개 손가락
미련없이 날려버린 그날
사랑도 숨죽이고
독하다 독하다
오른손 화약 냄새만 남았다고
그의 나이 쉰아홉
아직도 정착하지 못한 사랑
잠깐씩 눌러앉는 여자들
아무것도 남지 않았다
매년 농사를 지어도 줄줄 새는 주머니
실없다 똑바로 보아주는 이도 몇 없지만
찌든 농사일에도
목숨 던질 만한 사랑이 있었다고
척척 감기는 논바닥에서
오른손 길을 헤치고 웃자란 피를 뽑는다

고들빼기

면사무소가 있는 상촌리
흑돼지식당 문에 기대어 놓은 걸레 옆에
고들빼기가 피었다
번져갈 곳이 없는 콘크리트 포장길
위로만 자라
층층이 뽀얗게 먼지를 안고 서 있다

쥐 죽은 듯한 골목길
윙윙거리는 파리소리에 흘러가는 시간
다방과 몇 개의 식당이 제법 시골티를 벗은 듯해도
허물어진 집들이 늘어난다

오고 가는 이도 없는 한낮,
제 몸뚱이 지켜줄 한 뼘 땅 위에
늘어진 거미줄을 걸고
먼지만 날리는 버스가 지날 때마다
간댕간댕 흔들린다

그늘

장에 다녀오나 보다
차려 입어도 궁색한 그의 잠바 밑에
검은 비닐봉지가 흔들린다
(필시 그 안에는 소주가 들었으리라)
힘겹게 몇 걸음 걸어가나 싶더니
길가 은행나무 그늘 속에 주저앉는다
제 집 안방인 양 두 다리도 쭉 펴고
소주를 마신다

그의 집은
마당에 자라는 잡초만큼이나 소문이 무성한 곳
도망간 아내, 죽은 아이, 바닥을 치는 이야기
멋쩍게 웃음 짓던 얼굴
허물어진 담, 뒹구는 소주병이 되어갔다

숨을 곳이 필요한 것처럼
집안 곳곳에 그의 키만큼 잡초가 자랐다
한 번도 뽑힌 적 없는 비밀

오늘 말끔하게 이발을 했다
유난히 맑은 선홍빛 턱
아무렇게나 휘둘린 칼에 베인 상처가
선명하다

그의 삶을 지탱하는 건 뒹구는 소주병인가 했다
큰길가 은행나무 그늘 한 뼘이
굴곡진 얼굴을 쓰다듬는다

럭셔리

그들은 사라졌다

그들이 꾸는 꿈은
낮말만 듣는 참새가 헤아리기 버거워
밤말만 듣는 쥐에게 전해졌고
어슬렁어슬렁 그 집 앞을 지나가던 경찰이 주워듣고
불시에 그들의 꿈을 덮쳤다
세 평 남짓한 방안, 빛도 막고
가지런한 신발도 꼼짝 않던 한낮에

미처 따라가지 못하고 남은
하얀 월급봉투를 넣어두던 서랍장과
아직 손때도 묻지 않은 오디오와
럭셔리한 꿈에 취한 장롱 한 짝
손도 못 쓰고 뜰에 나와 있다

그들이 사라진 빈 뜰
등을 돌리고 앉은 장롱 끝 12k가2한 꿈이

거꾸로 처박힌 채 불법체류 중이다

안부를 묻다

잘 지내시나요
요즘 날씨가 많이 덥죠
로 시작하는 첫인사는 생략된 지 오래
예전보다 지구는 빨리 돌아서
가지런히 줄 그어진 편지지 안에 채울 이야기 따위는
고무줄에 묶인 채 봉인되었다
슈퍼 귀퉁이에 달려있는 빨간 우체통은
유지비도 벌지 못하는 식충이로 전락
40글자에 20원
사람들은 1원의 마음도 흘리지 않기 위해
안부를 묻지 않는다
말들은 암호처럼 끼리끼리 통하고
무선으로 전달되는 백만 볼트 사랑 따위
과부하로 인해 머무를 곳이 없다

p.s
석 달
텅 빈 마음으로 서 있다가는

철거됩니다

모과나무

매년 모과가 실하게 열리던 그 집 노총각
남이 하는 말이 제 이야기가 될 줄은 까맣게 몰랐지

공부 많이 시키지 마라
중국 여자 안된다
국졸
45세

일찍 도시로 나간 형들 몫까지
군말 없이 주억주억
동네 머슴처럼 일을 하더니

장가가겠다고
도시로 나가 공장에 취직도 해보고
제법 유식한 동네 아무개처럼
큰소리도 칠 줄 알더니

갑작스레 부모를 모두 잃고

넋 놓고 있는 사이
누이가 땅을 팔고
형이 집을 차지하고

미친놈처럼 동네를 휘젓고 다니자
동네사람들 저마다
제 앞길 하나 챙길 줄 모르는
못난 놈 못난 놈
손가락질하더라

10월 중순 첫 얼음이 언 날
감나무 은행나무
속수무책 이파리 우수수 떨어져
스산하게 서 있는데
그 집 모과나무
아직도 철모르고 푸른 잎 사이
샛노랗게 익은 모과 감추고 있더라

목공소 이야기

사람 손으로 하는 것이 똑같은 것이 있나
나뭇결 따라 순리대로 켜야지

골목 안에 자리 잡은 목공소
언제부터인가 대패 켜는 소리 죽었다

누구도 흉내 낼 수 없던 목공술
문짝에는 구멍이 숭숭
나무를 먹고사는 버러지만 산다

평생 기술 하나면 밥 빌어먹을 일 없다더니
세상은 순리대로 흘러가지 않는다
정직하게 살아온 나무가 거짓말을 한다

길 건너 우레 같은 소리로
나무를 켜는 가구공장
정답은 모두 그곳에 있었다

뿌옇게 톱밥이 들러붙은 창 너머
켜다 만 목수의 삶이 방치된 채
멈춰 있다

틀에 박힌 문짝이 즐비한 거리
누구 하나 눈여겨보는 이가 없다

안개 잦은 지역

내가 사는 곳은
수시로 안개가 몰려온다
음산한 기운을 불러 아득하게 정신을 홀리는
여우 누이의 꼬리 같은
앞날이 늘 안개 같다던 친구는
열아홉에 살림을 차렸고
서른아홉에 혼자 돌아왔다
그의 어머니 낙동강 나룻배를 타고 떠난
그 안갯속으로

제법 잘나가던 시절이 있었으나
차가운 기운만 가져본 친구는
부푸는 돈이 몰고 오는 뜨거운 기운에
아내를 잃어버렸다
흔히 있는 일이지 안개가 내리는 곳은
둥둥 떠다니는 출구가 없는 이야기들

맑은 날 울 일이 많아

차를 타고 길을 나서면
누군가 울다 간 물방울이 길을 잃고 헤매는 중

속도를 줄이고
전방을 주시할 것

쓴맛

삼거리 횡단보도
민들레 가득 싣고
백발이 성성한 노인 길을 건넌다
살아온 날이 고단하여
바지는 발목을 다 덮지도 못하고
풀물 짓이겨진 고통스런 무릎
민들레 향이 난다
몇만 번 고통을 참아야 저런 향이 날까
새삼 그 독한 맛이 몸에 좋다니
너도나도 고통의 맛에 중독이다
애써 노동을 하지 않아도
주문배달 되는 고통의 맛 한 봉지
엑기스만 뽑은 것을
날로 먹으려니
쓰기만 하다

진달래장의사

영월 읍내 공영주차장 맞은편
그곳에 있었다
회색 콘크리트 외벽에서
막 분홍색 꽃이 무더기로 피어날 듯한 간판을 단
진달래장의사, 웃음이 난다
저 여린 꽃잎 같은 죽음이라니
오물오물 씹어 먹으면 시큼털털한 맛을 가진 죽음이라
니
감히 음침함이나 두려움 따위
비집고 들어설 틈없는 이름
연분홍 꽃잎을 날리며 가는 그곳
어느 누가 열반에 들지 못하겠는가
한낮 영월 읍내 먹을 것 찾아 빙빙 돌다
팡 터진 꽃무더기 구경하고 온다

잠을 밟고

어릴 적, 잠을 자려고 누우면
천장을 뛰어다니는 쥐들 때문에
쭈뼛쭈뼛 솟구치는 잠을 달래며 치를 떨었던 기억
내 머리마저 갉아먹을 것 같은 쥐새끼들과
끝도 없는 싸움을 했던 생각
아이와 잠을 자려고 누워있으니
위층에 사는 누군가가 천장을 뛰어다닌다
엄마 무서워,
아이는 본 적도 없는 소리가 무섭다
가슴을 파고드는 아이를 토닥이는데
잠 위를 가로질러 가는 낯익은 발소리
내가 쥐새끼가 되어
아래층 누군가의 머리를 갉아먹고 있었다니
틈도 없는 아파트 천장
층층이 갇혀서 쥐 죽은 듯 살아야 했는데
아래층 또 그 아래층
서로 밟히는 비명들
어쩌면 땅속 어딘가에 숨어 사는 쥐새끼들이

땅을 울리는 소란함에

치를 떨고 있을지도 모를 일이다

나는 발바닥에 가시를 품고 산다

어디서 찔렸는지 걸을 때마다 발바닥이 아프다 바늘로 발바닥을 조심스럽게 후벼보지만 도무지 보이지가 않는다 후벼 팔수록 상처는 커져갈 뿐이다 더 깊숙이 숨어서 걸을 때마다 온몸 가시 돋게 한다 핏물이 고여 더는 손쓸 수가 없다

그래 처음 상처 받았을 때 분노로 밤을 새우지 시간이 약이라고 네 살이 내 살인 양 내 살이 네 살인 양 몇 날 지내다 보면 소름 끼치던 고통도 참을 수 없는 가려움 같기도 하고 그렇게 발바닥 한켠이 단단해지더라고 언제 그랬냐는 듯 살다가 쭈뼛쭈뼛 성질 돋는 일 생길 때마다 그래 내 안에도 가시가 있다고 조심하라고 발길질 한번 할 수 있게

흐린 날

철길 옆 비탈길 위
식어버린 연탄재 같고
갈 곳 없는 노인 같고
부모 잃은 아이 같고
말라비틀어진 풀포기 같고
빈 밥그릇 같은
집 한 채
기도 중이다
텅
텅
텅
빈 하늘
기적소리도 울리지 않는
철길 옆 집 한 채

제2부

원을 그리다

오백 년 살아온 느티나무
한 번도 허튼소리 않는다

가지가 꺾일 듯 몰아치는 바람도 한 점
그늘 아래 풀어놓던 넋두리도 한 점
벼락 친 날 온몸으로 불을 받아내던 그날도 한 점
까르륵까르륵 사랑을 나누던 까치의 울음도 몰래 한 점
몇십 년 만에 찾아온 폭설 견디지 못하고
생가지 하나 내친 날도 한 점
점 점 점 차곡차곡 쌓아서 선을 만든다

일 년을 동그랗게 오백 년

묵은 이야기는 훌훌
속 다 비우고 허허대사같이
떡 버티고 있다

의성 탑리 오층석탑

얼마나 살아왔는지 알 수 없다고 했다
그의 연보를 조심스레 꺼내어 보던 날
때마침 지나가는 바람
바삭, 날아올랐다
한 줌 재처럼
살아온 세월 고분하게
알려지는 것이 두려웠던 것일까
뾰족한 귀퉁이 뭉툭해질 수밖에 없었던
수천 년의 마음,
쓰다듬어주는 손길이 필요했던 것일까
몸 구석구석 패인 자리마다
꼭꼭 쟁여둔 아픔들
통일신라 어느 날 돌을 다듬던 그 손길부터
유월 한낮, 절하며 합장하는 손길까지
살짝만 닿아도 다 알 것 같다고

한 무리의 사람들 석탑을 돈다

정월 대보름

유리가 덮인 육교에 분홍색 공단 바지를 입은 노인이 좌판을 펼친다 '사주궁합봅니다' 저 혼자 털어낼 수 없는 먼지가 켜켜이 쌓인 육교는 희미한 햇살로 온기가 없다 반쯤 펼친 사주 책 위에 자갈돌을 수호신인 양 네 모서리에 놓고 신수를 꼭꼭 집어낼 돋보기도 가지런히 놓는다 막 출근시간이 지난 육교 안은 조용하다 글자가 어둡다 노인은 부적 종이가 어긋나지 않도록 몇 번이나 매만지며 먼지를 날리고 있다 오늘 쟁반 같은 달이 지면 액땜도 끝나는 거야 무딘 주름이 잡혀있던 한복 바지에서 신음소리가 난다

노인이 창문을 닦는다 먼지에 걸려 넘어오지 못하는 햇살을 훔치고 있다

개구멍

이끼 낀 담에

쩍 금이 가더니

주먹만한 구멍이 생겼다

개 한 마리가 구멍을 파

들락거린다

금계줄 같던 담

스스로 문이 되었다

느슨해진 철조망이나 허물어진 담

개구멍은 늘 지름길이다

이제 개는 구멍에서 잠을 자면서

금계가 사라진,

헐거운 시간을 즐기고 있다

의자바위

언제나 논둑 한 귀퉁이 앉아있었다 아침저녁 농사일에 분주한 이들 마주하며 지천으로 피는 들꽃에 둘러싸여 영웅처럼

—여기 보이지 여기 빨갛게 물든 게 피래 전쟁에서 총 맞은 자국이래 여기 지날 때 그냥 지나면 큰일 난다 꽃 한 송이씩 꼭 놓고 지나가야 한대

살기 좋은 마을, 동네 한가운데 들어선 공원 귀퉁이 아침저녁 운동하는 이들 마주하며 앉아있다 피로 물든 이야기 무늬로 남은 닳고 작아진 동네사람처럼

늙은 호박

늙은 호박을 몇 년 묵혀 두었더니 껍질이 파랗게 변했다지 반을 잘라 보았더니 호박 속에 싹들이 가득 자라고 있었다지

꽃이 지자 두엄더미도 마다않고 죽어라고 살았던 거야
단단하게 한 생 잘 살았다고 방 한 칸 차지하고
골골이 패인 주름도 자랑이었겠지
그러다 새금새금 살아나는 소리들
몇 날 밤을 뒤척였겠지
견딜 수 없는 그리움이 분노로 타올랐을 거야
제 속을 할퀴어 뼈마디 썩고 속이 문드러져 갔을 거야
푹푹 썩어 진물이 흘러
속살에서 단내 나는 뿌리 하나 올라왔을 거야
그렇게
말
갛
게

행렬

곧 닥칠 태풍 소식에 연신 속보를 쏟아내는 날

뒷산 오솔길 가로질러 개미떼 이사를 간다 저마다 한 개의 알을 받쳐 들고 무슨 대단한 이야기나 하는 듯 구불렁구불렁 저들은 타고난 몫이 작아서 가는 길마다 구렁일 텐데 부르튼 발은 그래도 쉼 없이 간다

밑천도 없이 시작한 살림 맨손으로 일궈 떵떵거리며 논에 물꼬를 보러 다니던 그가 쏟아지는 빗줄기 둑이 터진 물살에 쓸려 그만 목숨을 잃었을 때 개미처럼 일을 해서 퉁퉁 불어 갈라진 맨발이 허옇다고 뒤축이 꺾인 신발은 집 앞에 남았다

그날 밤 뉴스는 안전대책을 자꾸만 보여주는데
다만 먹구름 잔뜩 몰고 온 하늘이 비를 내릴 시간을 가늠 중이다

골목이 늙어간다

골목엔 귀가 많아
휘어진 길 상상하지 않아도
늘 그 사람들은 지나갔다
남 일에 더 부산을 떨던 이도
인형만 보면 무서워하던 이도
고함소리 동네 떠나갈 듯한 이도
열린 대문 기웃거리지 않아도
그 사람들 먼저 손짓해서
그저 보내는 이가 없는 골목길
많이도 늙었다
기울어지고
금이 가고
칠이 벗겨지고
아무렇게나 담을 넘는 담쟁이
제 풀에 지쳐 시들어가고
빳빳하게 풀 먹인 햇살 텅 빈 골목을 닦고 닦아도
귀가 막힌 골목길
늙어간다

저물녘

황령사 앞 저수지에
구멍을 뚫고 낚싯대를 던진다
물음표 같은 바늘들이
가라앉는다
눈알을 닮은 구멍 속을
한참을 들여다본다
속을 알 수 없는 깊이
자꾸 살얼음 끼인다
몇 번 낚싯대를 흔들어
신호를 보내도 통 답이 없다
종일 해결되지 않는 물음에
발이 시리고
답이 없는 빈 낚싯줄
물음표로 굳어간다
전달되지 않는 말들은
다 어디로 사라진 것일까
물음표에 달린 구더기
주름살이 풀어져

물음의 끝을 놓아버리고
빛이 걷혀지는 저수지
목탁소리를 울리며
한 겹씩 깊어진다

공터

어둠 속, 아파트 옆 공터가 소란스럽다

유물이 발견되었을 무렵만 해도
한 톨 먼지마저 쓸어내어 윤을 내던 땅
행여 돌무더기 부서질까 먼 길 둘러가게 만들더니
갇혀있던 시간을 들어내자
몇 년째 발길이 끊겼다

버려진 땅은
떨어지는 모든 걸 품어 늪이 된다
멋모르고 자라는 풀들은
언제나 허리가 꺾여있었다

또 봄은 와서
벙실벙실 부푸는 흙
기어이 부러진 허리를 후벼서
씨앗들 쏟아진다

닭들이 모여서 잠을 잔다

며칠째 내리는 비
처마 밑 닭장이 질척하다
사선으로 부는 바람
오돌오돌 돋아나는 닭살
아무리 모가지를 흔들어도
축축하게 스며드는 빗물
먹음직스럽게 오른 살점들이
앙상하게 드러난다
차츰 몰려드는 어둠에
대쪽 같던 다리가, 부리가
모여든다
서로 날갯죽지에 머리를 들이밀고
쉼 없는 잠꼬대로 젖은 날개를 비비고 있다

묵언수행

삼일 동안 비운 방

남쪽 창 아래, 청개구리 한 마리

앞발 가지런히 모으고

하늘 향해 침묵 중

꼿꼿하게

눈물 한 방울도 없이

살뜰히 말라버린

온몸으로 던지는 한마디

텅 빈 방 개구리

말문이 막히다

버스정류소에서

어쩜 저네들은 저토록 닮았을까
웃어본 적도 없는 것 같은 표정
발밑 혹은 옆구리에 놓여진 보따리마저도
(배추밭에 칠 농약이 들었거나 까맣게 치장할 염색약이 들었거나)
아니, 그 보다도 모든 이가 내 어머니 같은 이유는
하나같이 막 피어나는 형형색색 꽃무늬 블라우스 아님 바지
이름도 모르는 꽃 가슴에 줄줄이 피어서
말하지 않아도 이력을 읽어낼 수 있는
어디를 가나 쉽게 찾아지는 얼굴
멀리서 버스가 다가오자 주섬주섬 챙기는 보따리
버스 창문마다 만개한 꽃들이 가득하다

탱자나무

촘촘하게 가시를 품고
지나가는 바람도 걸러낼 것처럼
빈틈도 없어 보이는 탱자나무 속
참새떼가 날아든다
그렇게 독하게 들이밀던 가시는 다 어디가고
저 느슨함이라니
제 집인 듯 폴랑거리며 날아다니는 저 날개 좀 봐
짹짹거리는 소리 가시 끝에 매달고
감히 손도 뻗지 못하게 감싸안는다
아무도 도망가지 못하게 독을 품은
벽인가 했더니
저렇게 쉴 곳 많은 빈 곳 투성이라니

제3부

넝쿨

어머니 가꾸시는 텃밭은 넝쿨 아닌 것이 없다

호박, 수세미, 박, 울양대
행여 허물어진 속살이 보일까
서로 덮어주면서
천둥이라도 치면 번개라도 치면
서로 몸을 비비며
한고비 넘고
쉬이 달래지지 않는 마음이라도 있으면
넝쿨넝쿨 담이라도 넘어가
맺히는 것 없이
걸리는 것도 없이
술술 풀어내는 인생

어머니 텃밭은
풀어보면 한 알 한 알 목 메이지 않는 것이 없다

납작한 풍경

며칠 내가 집에 없응께 집 터서리에 풀이 천지라 저것들은 잘 뽑히지도 안해여 뽑아도 뿌리에 흙이 타박하게 붙어서 잘 죽지도 안 한데이

채울 것 없던 헛간을 밀어내고 만든 텃밭
어머니 질긴 풀을 뽑으신다
저것들도 살아가는 방법을 아는 게다
못 쓴다고 눈에 들지도 못하는 것들
질기게 살아야 씨라도 뿌리는 걸
되도록 납작하게 엎드려
콘크리트 담이라도 숨구멍이 있는 곳이면 뿌리를 내려야 하는 것을
봄날 따신 밥 위에 얹히지도 못한 독한 풀
납작하게 눌러 붙어 잘 잡히지도 않는 것을
한 줌씩 뜯다가 후벼 파다가
더러 뽑히기도 하다가
주절주절 할 말이 많아진다
끝끝내 고분고분하지 않는 몇은

땅을 움켜쥐고 멍울멍울 자란다

그래도 저것들도 희꾸무리한 꽃이 핀데이

꽃

나이가 드니 자꾸 빨강꽃이 좋아진다 하시던
그 말 한 치도 틀린 것 없네
꽃집 앞 지날 적마다
빨갛게 올라온 꽃대 앞에서 주춤거리는 걸 보니
마음껏 붉다가 다시 붉어지고
시도때도없이 붉어져
다시 꽃이라 불릴 수 있는
참 걱정도 없는 꽃
울 엄마 막걸리 한잔이면
아들 손자 앉혀놓고
꺽꺽 피지도 못한 꽃 토해내는데
—니 덕에 내가 붉지
죄스럽게 붉은 얼굴이 화끈거려
쓴 소주잔만 비우고
뚝뚝 꽃잎 몇 장 떨어진 머리 밑이 시려서
자꾸만 긁적거렸네

울 엄마 장날마다 사다 들인 꽃들이

집 구석구석 절절하게 피었네

백지, 괜히

저녁을 먹다가 딸아이 하는 말
엄마 장난감 차 발통이 지대로 굴러가,
평생을 상주서만 살아온 할머니랑
친구삼아 소꿉놀이하더니
곧잘 사투리를 쓴다

바퀴가 아니고 발통이
저절로 가지 않고 지대로 가는
상주에서 나고 자란 아이

지금껏 상주서 살면서
으와 어 사이에서 한없이 헤매고 있는 나는
먹카지도 못하고 혼내야 하고
부예가 나도 화만 내야 하는
상주서 나고 자란 아이

오누이

—김사인의 「오누이」를 읽다가

큰길 횡단보도를 오누이가 총총히 건넌다 다섯 살쯤 되어 보이는 동생이 거의 길을 건널 무렵 그만 넘어진다 들고 있던 막대아이스크림이 땅에 떨어져 그 아이 길을 못가고 엉엉 울고 만다 그러자 열 살쯤 되어 보이는 누나가 떨어진 아이스크림을 주워서 입속에 넣고 모래를 핥아준다 눈물 뚝 그치고 누나 입속에 들어간 아이스크림을 유심히 쳐다보는 동생은 다시 맛나게 변한 아이스크림을 받아들고 누나 손을 잡고 길을 간다 촐랑촐랑 걸어가는 동생과 아직 입속에 남아있을 모래알을 삼키며 걸어가는 누나의 뒷모습은 엄마와 아들의 모습 같아 벌써 철든 열 살짜리 여자아이 때문에 환하게 맑은 하늘이 아프다

겨울 홍시 하나

죽었나 싶어 올려다본 감나무 꼭대기
쭈글쭈글 말라가는 열매 하나
달려있다
아니다, 나무가 매달려있다

온 겨울 빨간 속살 같은 꿈에 취해
죽은 듯 겨울을 나는 나무
단내 나는 꿈은
가끔 찾아드는 까치도 쪼아 먹지 않았다

알뜰히 단물 쥐어짜 먹이고
홍시 하나,
헐렁한 젖가슴으로 달려있다가
툭 치고 지나가는 바람에
자리를 내어준다

넘어지다

꽃상여 뒤를 따라
대나무 지팡이를 짚고 가다
바닥에 질펀하게 떨어진 곡소리에 걸려
넘어지다

어허야 어허야
높아가는 달구질소리
돌아갈 길 없는 하얀 고무신
매캐한 연기에 걸려
넘어지다

왔던 길 돌아가는데
하얗던 치맛자락 축축한 황톳물 배어
잘근잘근 갈 길을 막아서
넘어지다

제삿날

불같은 성미에 무수히 날아서 마당에 떨어진 밥상
부러진 상다리는 아버지 자리를 그늘 없이 지켜주었고
우리는 밥상이 내동댕이쳐질 때마다
돌덩이 같은 밥알 삼키며 깨진 밥그릇을 주워야 했다
세수를 할 때마다 찌그러진 대야에 일그러진 얼굴을 씻어야 했고
떨어진 밥알은 썩지도 않고 고들고들 말라갔다
증명사진을 찍어도 고개 치켜들어
구두 뒤축은 보이고 싶지 않았던 그 자리
죽어도 허물어질 수 없었던 그 자리
그늘이 진다

꼬장꼬장한 성미 손톱 밑 가시처럼 쟁여서
씻어도 까만 때 빠지지 않더니
이제는 부러질 상다리도 없고

밥알을 튀기며 고함치던 얼굴
그늘이 진다

마지막 가는 길, 빈 숟가락만 들고 가신 오늘
고봉으로 푼
밥 한 그릇 올린다

냉이꽃

이른봄
아버지 산소를 찾았다
아직 떼가 다 살아 붙지 않은
봉분 귀퉁이
냉이꽃이 피었다

바람막이도 없는 터에
용케 꽃이 피었다 싶어
뽑아보니
쉽게 딸려오지 않는다
그래 한번 터 잡은 곳은
쉽게 떠날 줄 모르는
아버지 성미다
양지바른 곳에 이렇게
오래 살아본 적이 있었을까, 아버지
한 번도 오지 않은
속편한 세상
아직도 버리지 못한 게야

뿌리 참 깊게도 박혔다

건조주의보

바싹 물기가 마른 어느 봄날
아버지와 논두렁 태우러 간다
금방 그리울 그 길을 이제사 간다

아마
철들고 가장 가깝게 걸으며
서걱서걱 걸어갔었다
골목을 지나고
논둑 마른 풀을 툭툭 치고 가는 동안
말은 없었다
곧 사그라질 길이었는데
마른 풀잎들 몸서리치는 까닭도 모르고

긴 겨울 지나 비틀어질 대로 비틀어진 풀잎들은
잘도 탔다
자작자작 마지막 노래라도 불러주듯이
벌겋게 달아오른 불길
낼름낼름 마음만 뺏기고 있었는데

금세 까맣게 사라져버리는 불길 너머
아버지 떠나고 안 계신다
속 시원히 말해볼 틈도 없이

영영 좁혀지지 않는 그 길엔
타지도 않는 마른 잎들이 서걱거린다

세 갈래길

눈이 많이 내리는 날이면 우리집 마당에는 어김없이 세 개의 길이 났다
곳간으로,
뒷간으로,
대문으로,
이른 아침부터 머리에 어깨에 하얀 눈을 이고
자꾸만 지워지는 길을 쓸고 또 쓸고 계시던 아버지

유독 눈이 잦은 올겨울
먹을 것도 없는 곳간
가지 않는 뒷간
닫힌 대문으로 길을 낸다
이 겨울 무사히 나도록
굶지 말고,
탈나지 말고,
닫혀있지 말라고,
아버지 마음처럼 길이 난다

시래깃국

아비지 마지막 엮어놓은
시래기 다발을 풀어 국을 끓였다
뿌옇게 안경알에 서리는 김을 후 후 불며
뜨거운 국물을 삼킨다
냄새만 맡아도 고개를 돌리던
평생 좋아할 리 없다고 장담하던 그 맛
아버지 냄새가 난다
구수하게 잘 익은 말 같고
걸쭉하게 묻어나는 마음 같은
내가 몰랐던 그 시절 아버지 같아
후루룩 한 그릇 밥을 말아먹고
두둑해진 배를 두드린다
거 봐라,
건너편 바삭하게 말라버린 아버지
자꾸만
참견이시다

빈집

온통 퍼어런 풀들만 넘쳐

문이 열리지 않던 그 집

보라색 제비꽃 하나 세를 든다

아무도 보는 이 없어

밤낮 꽃잎을 열었다 닫았다

할딱거리며

씨앗을 품어가는 고 모양에

담장에 매달려있던 녹슨 대문

밤이 너무 환하여

그만 기우뚱 넘어간다

제4부

꽃이 피었다

—경아에게

내 방 작은 화분에
꽃이 피었다
마냥 신기해 한참을 들여다보고 있자니
방긋방긋 웃는다
안아도 달란다
배고프다고 젖도 달란다
그저 들여다보고만 있으려는데
내 삶을 움켜쥐고 놓지 않는다
가야 할 곳이 많은데
아장아장 걸어가자고
천사 같은 눈망울로 쳐다본다

내 방 작은 화분에
나를 닮은 꽃이 피었다

오래된 꿈

길을 가다가 주운 알이라고 했다
버리기 아까워 삶는다고
달각달각 폭신하게 익어가는 숨소리
식탁 모서리에 금이 간 알 속에는
고분고분하게 날개를 접고
구부러진 모가지 가슴에 박은
새끼 꿩이 있었다
솜털 같다던 깃털
온몸을 휘감아 도는 실핏줄 다 감추지도 못하고
착실하게 몸에 달라붙어 있었다
오돌오돌 돋아나는 살
언젠가 나에게 이런 일이 있었던가
찍소리도 못하고
곱게 접어야 했던
귓바퀴를 맴도는 피멍든 새소리

쏟아지는 햇살 숨이 막힌다

눈 깜빡하는 그 사이

느닷없이 재채기를 하였고
엉겁결에 뛰어든 노루가 부딪치고
진정되지 못한 마음은 커피를 쏟았다
화끈거리는 살갗이 곪아
걸을 때마다 불쑥 욕이 튀어나와
욕먹은 돌멩이가
지나가던 사람의 가슴을 치고
걸음은 삐딱해졌다
자꾸만 발에 걸려 나무가 넘어지고
느닷없이 아파트가 무너졌다
그래도 하늘 높이 비행기가 날았고
뒤 집 개는 허공을 향해 짖었다
이 모든 게 나와는 상관없다는 듯이
봄을 잊은 꽃이
깜빡깜빡 기억을 놓고
꽃가루 날리는데

사고 치다

1
12시 5분 아파트 주차장
점심을 먹으러 가는 하얀색 아반떼와
점심을 먹으러 오는 오토바이가 부딪히다

2
산산이 조각난 시간 위에 오토바이 누워있다
바람을 숭숭 뱉어내는 그의 얼굴
넘어진 날이 오늘만은 아니라는 듯
두툼한 곤색 잠바 안에 조각난 시간을 꾹꾹 밀어넣는다
누군가 다가와 그를 부축하고 안부를 묻는 사이
홀어머니가 차려둔 점심이 점점 식어간다

3
오랜만에 친구와 밥 한술을 뜨고 있어야 하는 손을 접고
그를 일으킨다

허기를 참지 못해 안부를 물어보는 내 입술은
언뜻 착해보이기도 하다
단단하게 그의 팔뚝을 말아쥐고
쉽게 풀어주지 않는다

4
1시 10분
하얀색 스프레이로 그어진 x
먹지도 못한 점심이 흩어져있다

초승달

얼음 같은 하늘에
강물이 흐른다
돌. 돌. 돌

강물 속에 박힌 돌은
제 몸을 깎아서
강물소리를 낸다
돌. 돌. 돌

이끼 묻은
내 몸에도 돌. 돌. 돌
소리가 난다

모깃불 피워놓고

가로등에
머리를 박은 매미가
땅에 떨어졌다
마당에 졸던 강아지가
잽싸게 뛰어간다
퍼덕이는 매미가 신기한 듯
앞발로 툭 차 본다
매미가 빠르게 퍼덕인다
강아지가 이빨로 꾹 물어본다
파삭, 껍질 뚫리는 소리
꾹꾹 씹어본다
날개 하나가 툭 떨어진다
재미가 없는지 강아지가
그냥 간다
가로등 밑에
부서진 날개를 단 매미가
땅을 치며 맴을 돌고 있다

안개

전봇대 주위에 말들이 버려져 있다
허기진 위를 위해
꾸역꾸역 밀어 넣어야 했던 말들
제 길을 찾지 못하고 토막 난 채
바닥 위에 널브러져 있다

입안에 싸늘한 침이 고인다
낮에 들은 핏기 없는 말이
울컥 울라온다
손가락을 입에 넣고 목구멍을 찔러본다
소화되지 않은 말들이
덩어리째 쏟아진다

안개가 내려앉은 거리를
비틀거리며 걸어간다

바람 속에 비린내가 난다

논에 물을 대다

논둑을 열어놓자
논으로 물이 들어간다
쩍쩍 갈라진 논바닥에
차곡차곡 물이 차인다
서로 등을 밀어주듯이

한 해 농사 물꼬를 잘 봐야지
물컹해진 논바닥
걸을 때마다
뼈마디 녹는 소리
갈라진 입술 적시는 소리
발자국 안에 고인다

논두렁에 흔하게 핀 게 민들레
발목이 잡힌 발자국
올해도 민들레 몇 포기
뽑혀 나간다

콩깍지 씌다

마당에 콩 튀는 소리가 들릴 때쯤이었다지
콩깍지 몸을 비틀며 콩알을 정신없이 튕겨낼 때
산산한 바람이 불어서
할머니 쪽진 하얀 머리 밑이 시렵다고
아래채 문지방에 앉아 빛을 쪼였다지
토독토독 콩 튀는 소리가
오늘은 올지 모르는 남편 발소리 같았는가
염색을 해야겠다고 열어젖힌 캐비넷
먹다 남은 듯한 박카스가 한 병
꿀컥 한 모금에
연거푸 콩이 튀어
놀란 가슴이 오그라들었다지
허옇게 속을 뒤집는 콩깍지처럼
알맹이도 없었던 50년 삶이 그만 꿀꺽 녹아내렸다지
잡초나 죽이려고 넣어둔 것을
왜 엄마가 먹냐고 아버지 눈이 뒤집혀 땅을 쳤고
사방으로 튀어나간 콩알들은 수습도 못하고 마당에 묻혔다지

그날 밤 토닥토닥 내 등을 두드리며
잠을 재워주던 할머니가 보이지 않아
뒤척뒤척 잠투정을 하다가
잊혀지지 않는 꿈을 하나 꾸었다지

부리

사거리 교차로
한가득 닭을 실은 차가 신호를 기다리고 있다

저마다 숨죽인 꼴이라니
한쪽 발을 내밀고
아님 날개라도 내밀고

그런 중에도
부리는 칼날 같아
한평생
날개 삼아 다리 삼아
살아왔을 비장함이 보인다

철창 속 고개를 내밀고
마지막 가는 길
서로를 위해서 운다
유서 쓰듯
꼬꼬꾹 꾹 꾹

신호가 떨어지자
긴 행렬 뒤를 따른다

6월

처마 밑에 걸어놓은
농협 달력이 펄럭인다
설렁설렁 할 일도 없는 바람이
6월 한낮을 툭툭 치며 놓이다
콩 심고 깨 심느라
큼지막하게 동그라미 친 날도
펄렁펄렁 제끼고
6·25 언제였더라
빨간 줄을 그어가며 외우던 그날도
이제는 기억하는 쪽보다 잊어버린 쪽이 많아
은근슬쩍 넘어가고
고개 숙이는 빨간 날
차마 현충일은 넘기지 못하고
한 해의 반을
농담처럼
가뿐히 날리고 있다

강버들

—낙동강

강섶에 자라던 버들
쉼 없이 조잘대는 물소리에
강으로 강으로 몸을 숙였지
암만 들어도 그 깊이 알 수 없어
산들산들
강물이 흔들면 흔드는 대로
저도 강이 되어 흘렀지
찰방찰방 물길이 얕아질 때는
송사리떼 불러 모아
청산유수를 읊어주곤 했는데
자박자박 발소리 들려주던 모래알 사라지고
노래는 점점 구슬프고 느려져
들을 수가 없었지

강섶에 자랐던 버들
강물에 묻혀
긴 노래 끝이 났지

겨울 국화

화단 귀퉁이, 쓰러진
국화 무더기가 있다

밤마다 몰아치는 바람에
파랗던 잎사귀
말라가는 힘으로 또 하루,
노란 국화는 살아있다

바스락거리는 잎사귀 위에
꽃잎이 축축하다
소리 나지 않는 울음

독 같은 향기가
손에 달라붙어 떠나질 않는다

봄비

땅속에서
숟가락 부딪치는 소리가 난다

밥알 같은 비가 내린다

해설

시인의 눈에 보이는 것들

고석근(시인)

랭보는 '시인은 견자(見者)'라고 했다. 왜 그는 시인을 '보는 자'라고 했을까? 그럼 보통 사람들은 보는 자가 아니라는 말인가?

우리는 다들 세상을 본다고 생각한다. 하지만 정말 보고 있는 걸까? 엄밀히 말해 보통 사람들은 세상을 보지 않는다. 자신의 망막에 비치는 것들을 볼 뿐이다. 그것을 자신의 마음대로 해석할 뿐이다.

하지만 시인은 다르다. 항상 그의 마음은 그의 몸을 탈주한다. 하늘을 날며, 땅 위를 달리며, 물속을 헤엄치며, 세상 곳곳을 누빈다. 그의 눈은 항상 새로운 것들을 '발견'한다.

발견된 것들은 시인에 의해 이름이 붙여지고 그것들은 비로소 생명을 얻는다. 시인은 항상 '천지창조' 중이다. 시인의 눈을 따라 우리도 함께 새로운 세상을 향해 여행을 떠나보자.

시인은 「늙은 호박」에서 '원초적 생명력'을 본다. 시인은 늙은 호박 속에서 돋아나는 싹들을 보며 중얼거리고 있었을 것이다. '우리 안에도 저런 생명력이 있을 거야!'

늙은 호박을 몇 년 묵혀 두었더니 껍질이 파랗게 변했다지 반을 잘라 보았더니 호박 속에 싹들이 가득 자라고 있었다지

꽃이 지자 두엄더미도 마다않고 죽어라고 살았던 거야
단단하게 한 생 잘 살았다고 방 한 칸 차지하고
골골이 패인 주름도 자랑이었겠지
그러다 새금새금 살아나는 소리들
몇 날 밤을 뒤척였겠지
견딜 수 없는 그리움이 분노로 타올랐을 거야
제 속을 할퀴어 뼈마디 썩고 속이 문드러져 갔을 거야
푹푹 썩어 진물이 흘러
속살에서 단내 나는 뿌리 하나 올라왔을 거야
그렇게
말
갛
게

—「늙은 호박」 전문

우리의 희망은 끝까지 사람이다. 우리는 우리의 늙어버린 몸뚱이 안에서 파릇이 돋는 새싹을 봐야 한다.

원래 몸은 늙어도 정신은 늙는 법이 없는 것이다. 그래서 우리는 누가 자신을 노인이라고 하면 분노하는 것이다.

어느 인간이 자신을 늙어버린 인간이라고 생각하겠는가? 원시인은 자신의 나이를 모르고 살았다고 한다.

시인은 담을 뚫고 구멍을 만들어 그 구멍에서 "헐거운 시간을 즐기고 있"는 개를 본다. 흡사 포도주 통에서 햇살을 즐기는 디오게네스 같지 않은가? 그 앞에서 알렉산더 황제는 기가 죽었다지.

이끼 낀 담에

쩍 금이 가더니

주먹만한 구멍이 생겼다

개 한 마리가 구멍을 파

들락거린다

금계줄 같던 담

스스로 문이 되었다

느슨해진 철조망이나 허물어진 담

개구멍은 늘 지름길이다

이제 개는 구멍에서 잠을 자면서

금계가 사라진,

헐거운 시간을 즐기고 있다

—「개구멍」 전문

담은 사람과 사람을 가르는 금계줄이었다. 개는 금계줄을 없애고 그 사이에 안주했다.

'사이' 에는 신성한 힘이 존재한다. 겨울과 봄을 연결하는 제비, 지하와 지상을 연결하는 뱀, 지하와 지상과 하늘을 연결하는 나무…….

이 사이에는 '인간의 시간' 이 사라진다. 시간이 강물처럼 흐르는 게 아니라 시간이 샘처럼 고인다. 그 고인 시간은 다시 이 세상의 시원이 된다.

이 시간의 성소에서 인간은 다시 태어난다. 천지창조가 다시 일어난다.

시간은 인간이 서로 간에 담을 쌓으면서 생겨났다. 그렇게 태어난 시간은 강물처럼 흘러간다. 우리는 모두 강물 속에 빠져 허우적거리며 흘러가야 한다.

강물 속에서 빠져나오기 위해서는 인간들 사이에 놓여 있는 담을 헐어야 한다. 다시 샘처럼 고이는 시간 속으로 들어가야 한다. 우리 삶을 다시 시작해야 한다. 과거, 미래는 없으니까. 오로지 현재만이 빛나는 게 삶이니까.

시인은 공터의 힘을 본다. 버려진 땅. 그래서 그는 가장 강한 힘의 소유자가 되었다. 아무것도 갖지 않았기에 모든 것을 가질 수 있는 존재.

어둠 속, 아파트 옆 공터가 소란스럽다

유물이 발견되었을 무렵만 해도
한 톨 먼지마저 쓸어내어 윤을 내던 땅
행여 돌무더기 부서질까 먼 길 둘러가게 만들더니
갇혀있던 시간을 들어내자
몇 년째 발길이 끊겼다

버려진 땅은
떨어지는 모든 걸 품어 늪이 된다
멋모르고 자라는 풀들은
언제나 허리가 꺾여있었다

또 봄은 와서
벙실벙실 부푸는 흙
기어이 부러진 허리를 후벼서
씨앗들 쏟아진다

—「공터」 전문

노자는 말했다. 무위이무불위(無爲而無不爲), '하지 않음' 은 못할 게 없다. "아파트 옆 공터"는 아파트의 미래라는 듯, 잠시 시간의 흔적을 보여주고는 다시 자신의 본모습으로 돌아갔다.

인간의 모든 유위(有爲)는 끝내 무위로 돌아갈 것이다. 우리의 미래를 알고 싶으면 공터에 잠시 서 있어 보면 될 것이다. '공터의 말씀' 이 들려올 것이다.

시인은 탱자나무를 보며 명상에 잠긴다.

촘촘하게 가시를 품고
지나가는 바람도 걸러낼 것처럼

빈틈도 없어 보이는 탱자나무 속
참새떼가 날아든다
그렇게 독하게 들이밀던 가시는 다 어디가고
저 느슨함이라니
제 집인 듯 폴랑거리며 날아다니는 저 날개 좀 봐
짹짹거리는 소리 가시 끝에 매달고
감히 손도 뻗지 못하게 감싸안는다
아무도 도망가지 못하게 독을 품은
벽인가 했더니
저렇게 쉴 곳 많은 빈 곳 투성이라니

—「탱자나무」 전문

가시로 만든 문이 저렇게 쉽게 열리다니! 벽이 문이 되는 기적. 수도승들은 문을 벽으로 만들어버린다지. 문을 수십 년 동안 바라보고 있으면 어느 날 펑 벽이 뚫린다지. 앞이 환하게 열린다지.

"탱자나무"와 "참새떼"는 저렇게 쉽게 벽을 문으로 만들며 놀고 있는데, 인간의 수도란 도대체 무엇인가!

시인은 교차로에서 "한가득 닭을" 싣고서 신호를 기다리고 있는 차 한 대를 본다.

사거리 교차로

한가득 닭을 실은 차가 신호를 기다리고 있다

저마다 숨죽인 꼴이라니
한쪽 발을 내밀고
아님 날개라도 내밀고

그런 중에도
부리는 칼날 같아
한평생
날개 삼아 다리 삼아
살아왔을 비장함이 보인다

철창 속 고개를 내밀고
마지막 가는 길
서로를 위해서 운다
유서 쓰듯
꼬꼬꼭 꼭 꼭

신호가 떨어지자
긴 행렬 뒤를 따른다

—「부리」 전문

"신호가 떨어지자" 닭들을 실은 차가 비명을 지르며 "긴 행렬 뒤를 따른다". 차들이 부리를 내밀고 긴 행렬 뒤를 따른다. 차들이 닭울음소리를 내며.

시인은 잠수함의 토끼라고 한다. 사람들은 둔감해 오랫동안 물속에 있어도 산소가 부족하다는 걸 쉬이 깨닫지 못한다고 한다. 그래서 예전엔 잠수함에 토끼를 태워서 항해를 했단다. 토끼는 산소가 조금만 부족해도 숨을 헐떡인단다. 그것을 보고 사람들은 잠수함의 산소가 부족하다는 것을 알아챘다고 한다.

시인은 바로 이런 토끼의 역할을 한다. 사람들이 산소가 부족한지도 모르고 즐겁게 먹고 마시고 놀 때 시인은 숨을 헐떡인다. 그런데 이제 시인이 비명을 질러도 아무도 거들떠보지 않는다. 아, 얼마나 치명적인 시대인가!

시인은 흐린 날 철길 옆에 있는 집 한 채를 본다. "기적소리"가 없는 "철길 옆 집 한 채"는 얼마나 슬픈가!

철길 옆 비탈길 위
식어버린 연탄재 같고
갈 곳 없는 노인 같고
부모 잃은 아이 같고
말라비틀어진 풀포기 같고
빈 밥그릇 같은

집 한 채
기도 중이다
텅
텅
텅
빈 하늘
기적소리도 울리지 않는
철길 옆 집 한 채

—「흐린 날」 전문

우리는 언제부터 기적소리를 듣지 않게 되었을까? 언제부터 기적소리 없이도 철길 옆을 태연히 지나가게 되었을까? '핵폭발 후의 한 장면' 이 아닌가?

시인은 닭들이 모여 자는 모습을 경이롭게 바라보고 있다.

며칠째 내리는 비
처마 밑 닭장이 질척하다
사선으로 부는 바람
오돌오돌 돋아나는 닭살
아무리 모가지를 흔들어도
축축하게 스며드는 빗물

먹음직스럽게 오른 살점들이
앙상하게 드러난다
차츰 몰려드는 어둠에
대쪽 같던 다리가, 부리가
모여든다
서로 날갯죽지에 머리를 들이밀고
쉼 없는 잠꼬대로 젖은 날개를 비비고 있다

—「닭들이 모여서 잠을 잔다」 전문

인간도 오랫동안 모여서 함께 잠을 잤다. 참 아득하다. 사람 냄새가 좋았던 시절. 이제 사람들은 모여서 잠을 자지 않는다. 따로 자다 보니 사람 냄새를 맡으면 견딜 수 없게 되었다.

인류는 이제 모든 기술을 동원해 사람 냄새를 맡지 않고 사는 '깨끗하고 위생적인 세상' 을 만들 것이다.

그립다. 짙은 사람 냄새가. 언젠가는 인류에게 종말의 위기가 닥칠 것이다. 그때 우리는 코를 킁킁거리며 사람 냄새를 맡을 것이다. 사람 냄새만큼 향기로운 냄새가 없다는 것을 깨닫게 될 것이다.

시인은 넋을 잃고 보고 있다. 인류의 '오래된 미래' 를.

이 시대에 우리에게 절실히 필요한 건 '침묵' 일 것이다. 언어라는 건 얼마나 무서운가! "언어는 존재의 집(하이데

거)" 이다. 삼라만상은 누군가 호명하여 탄생하였다.

누구나 한번 이름을 불리면 그 이름으로 살아가야 한다. 우리의 운명이란 누군가의 호명 아닌가!

그래서 우리는 자신의 운명을 진정으로 사랑하려면 침묵해야 한다. 누군가가 내게 붙인 이름은 진정한 나의 이름이 아니다.

삼일 동안 비운 방

남쪽 창 아래, 청개구리 한 마리

앞발 가지런히 모으고

하늘 향해 침묵 중

꼿꼿하게

눈물 한 방울도 없이

살뜰히 말라버린

온몸으로 던지는 한마디

텅 빈 방 개구리

말문이 막히다

—「묵언수행」 전문

시인은 개구리의 '묵언수행' 을 본다. 개구리의 이름을 버린 거룩한 한 존재를 본다. 우리도 저렇게 자신의 이름을 떨쳐버릴 수 있다면, 얼마나 눈부신 존재가 될 수 있을 것인가!

개구리는 한평생 자신이 개구리라고 생각해본 적이 없을 것이다. 그래서 저렇게 멋있게 입적할 수 있었다.

인간의 감옥은 언어이다. 언어에 갇혀있는 한 우리는 단 한 번도 인간으로 살아갈 수 없을 것이다.

셰익스피어는 '인생은 연극' 이라고 했다. 우리가 지금 연극을 하고 있다는 것을 안다면 우리는 세상의 많은 언어의 명령을 따르지 않고 자신의 길을 꿋꿋이 걸어갈 수 있을 것이다.

시는 시공을 넘어 '나' 라는 존재의 한계를 넘어 세계와 화해하는 극적인 순간에 태어난다(파스).

그래서 시인은 무당이다. 그의 말은 "불붙은 신에 의한 불 같은 예언(파스)" 이다. 시인은 작은 화분에 핀 꽃 한 송이에서 자신을 본다.

내 방 작은 화분에
나를 닮은 꽃이 피었다
—「꽃이 피었다—경아에게」 부분

바깥의 풍경은 내면의 풍경이라고 한다. 밖에 내가 있다는 기적. 나를 넘어선 나. 이때 우리는 '진정한 나' 를 체험한다. "인간은 워래 하나로 꿰뚫어진 구슬이다. 하나가 울면 전체가 운다(석가)".

그래서 시인은 마지막에 「봄비」를 배치했나 보다.

땅속에서
숟가락 부딪치는 소리가 난다

밥알 같은 비가 내린다
—「봄비」 전문

시인은 조용히 읊조린다. '겨울이 깊으니 봄이 다가오고 있다' 고. 이게 '이 세상의 이치' 라고. '땅이 꽁꽁 얼면 풀리게 되어있다' 고.

시인은 봄비소리를 들으며, "땅속에서/숟가락 부딪치는

소리"를 듣는다. 아, 얼마나 그리운 풍경인가! 쌀 씻는 소리, 아이들 칭얼거리는 소리, 숟가락 부딪치는 소리…….

니체는 인간을 '초인'과 '최후의 인간'으로 나누었다.

최후의 인간은 쾌락과 자기만족에 빠져 창조력을 잃고 하루하루 살아가는 인간이다. 바로 우리 현대인들이다.

반면에 초인은 넘치는 생명력으로 끊임없이 자신의 한계에 도전하여 자신을 더 높은 곳으로 끌어 올리는 인간이다.

시인이야말로 니체가 말하는 초인일 것이다. 시인을 만난다는 건, 초인이 되어보는 일이다. 최후의 인간, '막장 인간'을 잠시 벗어나 보는 일이다.

그래서 자신도 초인을 예감해보는 일이다.

시인의 말

나에게 시는
해가 지면 돌아가는 집이다.
참 다행한 일이다.

오늘은
아직은 부족한 나의 사랑을
다 들어주지 못한 노래도
애썼다고 토닥여주고 싶다.

그래, 더 사랑하며 살자.

2014년 초가을
김주애

납작한 풍경

2014년 9월 17일 초판 1쇄 찍음
2014년 9월 25일 초판 1쇄 펴냄

지은이 _ 김주애
펴낸이 _ 양문규
펴낸곳 _ 詩와에세이

신고번호 _ 제319-2005-000014호
주소 _ (120-865) 서울시 서대문구 북아현로 16길 7 2층
대표전화 _ (02)324-7653, 070-8877-7653
팩시밀리 _ 0505-116-7653
휴대전화 _ 010-5355-7565
전자우편 _ sie2005@naver.com
공 급 처 _ 한국출판협동조합
주문전화 _ (070)7119-1741~2
팩시밀리 _ (031)944-8234~6

ISBN 978-89-92470-97-1 03810